PRESENTACION

Hola, bienvenido. Primeramente quisiera agradecerte por tomar en cuenta este libro, sin duda alguna quisiera mencionarte que esta historia se basara en experiencias propias pero también en situaciones de personas que me rodean y han dejado sus anécdotas muy marcadas en mi cerebro.

Durante toda la lectura de este libro te sentirás como en una platica con tu mejor amigo o amiga o como algunos dirían coloquialmente estarás *"en el chisme"* ya que quisiera que te sientas en confianza y poder mostrarte mis sentimientos, dolores, preocupaciones y alegrías como si fueras una persona en la cual tengo años de confianza. Oh! Por cierto este es mi debut en la escritura, por lo cual al final de esta edición te dejare un pequeño enlace (link) a una encuesta abierta y general para la retroalimentacion de este libro y lo mejor que pueda pulir mi trabajo.

Antes de que inicies me gustaría conozca el tiempo, ambiente, panorama y situación en la cual se llevo a cabo la escritura de este libro.

Iniciemos con el tiempo este libro se empezó a escribir el 13 de Febrero de 2019 en la ciudad de Monterrey, Nuevo León, México.

El ambiente y panorama actuales son: los derechos de la comunidad LGBTTIQ+ aun no son reconocidos en su totalidad ya que tenemos un congreso al cual le importa muy poco este ámbito, prefieren ganar mas dinero y pelear entre ellos por los puestos a alcadias, presidencias,etc.

Lo único que se reconoce es el derecho de seguridad en el ámbito de salud y la viudez, que de igual forma no ayuda mucho, puesto a que si apoyas la viudez pero no el matrimonio igualitario es obvio que casi no tendrás casos de viudez en tu ciudad.

Por ultimo la situación en la cual escribo este libro no es la mejor, puesto a que hace poco falleció un amigo de la infancia, creo estoy madurando y eso trae consigo cambios grandes de humor.

Pero es esencial y bueno decir que no todo es malo puesto a que tengo un trabajo que adoro, tengo una relación solida y por ultimo ya todas las situaciones familiares han mejorado por lo cual tengo mayor tranquilidad.

Ahora si puedes disfrutar de la lectura y créeme si eres nuevo en el ámbito LGBTTIQ+, estas en etapa de duda, sientes que ser gay, bisexual, lesbiana, transexual es malo o simplemente no sabes como salir del closet, sufres anorexia, bullying;

este libro te ayudara en gran manera al ver los aciertos que tuve a lo largo de mi vida, pero también los errores que cometí y que no me gustaría que tu también lo sufrieras.

ADELANTE

ATTE: CARLOS GARCIA G.

TEMARIO

Tema 1. Mi Infancia Dudosa

Algo que siempre estará en la curiosidad de todos es: las personas ¿nacen gay?, ¿se pega?,

¿es por tener un amigo gay?, ¿es por fracasar con las mujeres?.

Eso mismo me pregunte yo durante mucho tiempo y créanme que la verdad siempre estuvo ahí pero intentaba hacer como si estuviera extinta, como si le estuviera dando la espalda siempre, simplemente trataba de tener esas respuestas lo mas lejos posible de mi.

9

Yo cruzaba cuarto grado de primaria en la escuela Antonio I. Villareal cuando me di cuenta que algo a tan temprana edad estaba cambiando en mi, a mi corta edad de 9 años me empezaba a llamar la atención un compañero mio recuerdo muy bien su nombre era *Yudel* y digo lo recuerdo bien porque mas adelante sabrán a lo que me refiero.

En ese momento estaba totalmente asustado ya que era algo nuevo mucho mas para un niño de esa edad, pero lo pase por alto al igual y era un sentimiento momentáneo; como cuando me regalaban algo en navidad que al inicio lo adoraba y jugaba con el sin parar, pero pasando unas cuantas semanas lo odiaba con todo mi ser,

"algo así posiblemente podría ser" pensaba yo
en ese momento.

Durante mi infancia en lo que tengo memoria de
ella siempre en los primeros años estaba
acompañado de niñas de hecho me llevaba mejor
con ellas y también ellas se sentían bien con mi
compañía, eran mas atentas, limpias, amables y
sin duda alguna sabían como jugar sin terminar
en los golpes, rompe narices, que los niños
siempre tenían ¡ah! Y por cierto no desprendían
olor a sudor durante las ultimas tres horas de
clase; aunque no todo fue miel sobre hojuelas
puesto que en educación física nadie se salva
me tocaba lidiar con mi miedo al fútbol y mucho
mas que al fútbol mi gran miedo al balón (era
horrible).

Aunque hasta este punto piensen que sin duda
alguna durante mi infancia se me notara a

kilómetros lo gay no era así, de hecho dejando a un lado mis malas experiencias con los deportes la relación que tenia con mis compañeros era buena hasta el punto de casi vivir en la calle después de la escuela hasta el punto en el que mi mama fuera o mandara a alguien por mi.

Hablando de mis padres ellos se llaman Raquel Elizero y Juan Garcia respectivamente, cuando estaba en escuela ya tenia dos hermanos Oscar Garcia y Emmanuel Garcia pequeños y latosos por cierto.

Pero volviendo al tema mi paso por 4 ya no tuvo tanto drama, hasta llegar al 5° y 6° grado respectivamente en estos grados de primaria me toco un gran maestro al cual recuerdo con gran cariño Alfonso el cual sin duda se dio cuenta desde los primeros momentos de las clases que yo tenia una manera muy peculiar de ser, por lo cual en repetidas ocasiones me pregunto si yo era gay, en ese momento me reía y trataba de pasar el tema pero dentro de mi sabia que la duda se hacia cada vez mas grande.

De hecho el chico que me llamaba la atención para mi buena suerte estuvo conmigo todos los años de primaria así que si en realidad fue algo muy muy complicado.

Ahora que mi situación con las chicas naturalmente estaba bien sabia que le gustaba a una chica pero como buen chico no le dije nada y por lo contrario estaba intentando ligarme a una chica la cual mil y un veces me rechazo; una historia común de primaria.

Tema 2. El Muro de La Religión

Mientras mi situación amorosa en la escuela tenia un futuro incierto , la situación en casa estaba mal pero no me di cuenta hasta mucho después.

Nací en una casa de descendencia cristiana, al principio no me afectaba puesto que como un niño era lo que me llamaba la atención al verlo presente todo el día todos los días. Malamente entre toda la "felicidad" que presuntamente yo sentía y con la cual asistía a los servicios religiosos debajo de todo eso estaba reprimido, asustado y con un pensamiento de que ser gay seria lo peor que me pudiera pasar, y las platicas donde siempre se incorporaba a Jesús en mi casa, en la casa de mi abuela y literalmente en cualquier lado donde asistía no me ayudaban mucho a aclarar mi sexualidad.

Asistí a varios retiros,conocí grandes amigos y hasta fui maestro de niños los domingos durante el servicio (por cierto se me olvido mencionar que siempre me agradaron los niños) pero yo bien sabia que hiciera lo que hiciera siempre la verdad estaría ahí.

Llego el punto en el que tanta religión, tantas prohibiciones, tanto odio contra otras personas que no son "el estándar de cristiano" por parte de la iglesia me hizo irme alejando poco a poco de el cristianismo y de la religión como tal, hasta llegar el momento en el cual aborrecí la

15

religión como tal, esa necesidad de adorar algo, de aparentar que todos son perfectos y ver que critican a todos los que no se encuentran en su circulo religioso, el querer ser los mas pulcros y santos sabiendo que aun toman, mienten, putean y demas; decidí que si quería estar bien con Dios, Jesús o como le quieran llamar solo era cuestión de estar bien yo con el, no necesitaba de un lugar en especial para intentar estar bien.

Y también me aleje porque yo sabia que dentro de mi interior me sentía hipócrita al cantar, leer la Biblia y todas esas cosas y no hacerlas de corazón sin duda fue la mejor decisión que tome o eso pensaba...

Tema 3. Entre duda y Verdad.

Llegando el ultimo periodo de tiempo en sexto grado y ya sin la presión de la religión sobre mi, decidí abrir ya mi mente pero no del todo y me declare bisexual, obviamente solo yo lo sabia, no se lo conté a mis amigos, ni a mis padres a nadie se lo mencione; yo bien entendía que si nadie se enteraba y mientras yo estuviera a gusto con ello seria suficiente. Peroooo.. aun me reprimía tratando de estar cerca de las chicas y creyéndome el que aun podría tener sentimientos románticos por ellas.

Bueno termino mi periodo escolar, la graduación fue linda aunque sencilla lo suficiente para quedarse grabada en mi mente como uno de los momentos mas bellos que e pasado, llore como buen chico sentimental que soy e hice llorar a mis demas compañeros después de que juramos que nadie pero absolutamente nadie lloraría pero me gano el sentimiento (jaja) fue tan cómico ese periodo de minutos porque al final estaba en una mezcla de entre llorando y riéndome de los demas.

En ese periodo de vacaciones empezaron a construir una nueva colonia cerca de la mía y también una nueva secundaria como no había secundaria en mi colonia todos irían según mi pensar a las comunes de las colonias aledañas "Santa Martha" y "Alianza Real" pero en gran manera yo ya no me quería topar con nadie que hubiera estado conmigo en la primaria aunque no lo crean tener a las mismas personas durante 6 años si aburre y fastidia, por lo cual decidí inscribirme en esta nueva secundaria.

Tema 4. Sufriendo Pero Disfrutando

Y adivinen... Nose si dijiste lo correcto pero
bueno mi primer grado de secundaria me toco
en un grupo de puros **HOMBRES** sin duda
alguna al inicio pensé que seria una tortura
continua pero cuando menos me di cuenta ya era
representante, escolta y me llevaba mas que
bien con mis compañeros, todos escandalosos,
con sus sonidos de eructos y hasta enseñaron
penes todos inmaduros puesto a que era la
secundaria el mejor momento para inmadureces,
me sentía un poco mas identificado e incluido
que cuando estuve en la primaria ya tenia una

idea de mi sexualidad, y tenia dos amigos muy cercanos Félix y Carlos, teníamos una amistad muy singular celos unos con otros , un horrible enredadera. Ellos conocían que me estaban empezando a gustar un chico y algo estaba sintiendo por Carlos sin duda alguna aunque sentía que a Félix le incomodaba de cierta forma.pero el no era gay bueno así siempre lo manifestó durante todo el tiempo que estuve compartiendo momentos con el.

El estar rodeado de chicos no solo me sirvió a mi sino también a mis compañeros ya ellos sabían después de un tiempo (a medio año del ciclo escolar para ser preciso) que era bisexual sin embargo para todo chico heterosexual con el simple al momento de que le menciones que te gustan los chicos y chicas rápidamente te

encasillaran en que eres gay, que puede no estar
tan alejado de la realidad pero por Dios aun soy
un 50% hetero supongo.

Regresando a lo de servir como experiencia
tanto para mi como para ellos no lo digo sin
fundamentos ellos mismos me decían que
siempre tenían en mente que los chicos gay
serian afeminados, dramáticos, poco
autoritarios y que siempre viven "acosando" a
los chicos heterosexuales lo cual para nada
aplicaba conmigo. Siempre fui un chico tranquilo,
para nada me gustaba acosar a los chicos hasta
cierto punto me parecían bobos, algunos con el
ego del tamaño de Texas y sobre todo que
mientras mas les das importancia mayor se
creen. Nunca es tarde para aprender cosas
nuevas, sin duda aprendí a como llevar una

charla larga con un chico donde involucrara fútbol, chicas, temas hasta de consejos y las típicas bromas; a ellos les sirvió para saber como llevar con un chico de pensamiento diferente sin tocar temas u opiniones que pudieran hacerlo sentir mal.

Puedo decir con seguridad que fueron esa parte masculina que necesitaba reforzar.

después de mi paso por este salón, el director me dio la sugerencia de cambiarme al turno de la mañana ya que era muy tranquilo según el para estar en un salón que estaba empeorando con el paso de los días, porque no les conté que ya después iniciaron las peleas, introducción de drogas al salón de mil y un maneras que hasta yo me sorprendía de su ingenio para ingresarlas; a lo cual le comente que si por lo cual en segundo

grado estuve en el turno matutino, ya conocía
algunas personas de ahí algunos de ellos habían
estado conmigo en primaria y otros eran
vecinos,etc.

Ahí conseguí andar con una chica que ya la
conocía de vista y en verdad era muy linda su
nombre era Jacqueline, los primeros días que
para mi era la etapa de prueba o
experimentación ella era muy dulce y atenta,
pero posiblemente me deje guiar muy fácil por
las cosas ya que comenzamos nuestro noviazgo
en su cumpleaños, se que no es el mejor regalo
pero bueno ya lo había dicho. después dos
meses me di cuenta que posiblemente no
funcionaria por tres sencillas razones:

*Era demasiado posesiva y todo el tiempo quería estar conmigo.

*No sentía nada cuando había un beso o caricia.

*La verdad me asustaba la idea de estar por mucho tiempo con ella en una relación, ya que no me veía casado, ni con hijos, muchos menos haciéndome viejito con una esposa.

Y si me preguntan ¿porque seguía en esa relación? la respuesta es muy fácil no sabia como terminar la relación y me daba miedo que si en algún momento llegara la valentía a mi ser tuviera un episodio emocional llorando o enojándose que créanme para aquellos años era la moda entre mujeres.

Al pasar los días ella sintió esta incomodidad de
mi parte y me dijo que si todo estaba bien,
como buen chico paciente le dije que no y le
explique toda la situación que estaba
atravesando a lo cual para mi sorpresa lo tomo a
bien, en verdad yo quede en shock porque en
verdad ¿quien se quedaría tranquilo/a si se da
cuenta que su novi@ esta interesado en
personas de su mismo sexo? Soy una de esas
personas que tuvo esa porción de suerte que
hasta hace un par de meses aun eramos
mejores amigos antes de que ella tuviera su hijo
y familia, créanme fue lo mejor que pude haber
hecho ese día que estar viviendo en una mentira
por mucho mas tiempo que nos hubiera afectado
a los dos.

Desde ese momento aprendí para mi vida que si algo no te hace sentir esa alegría o bien un noviazgo no esta funcionando es mejor decirlo lo mas pronto posible y no alargar la estancia o las ilusiones de la otra persona, en verdad no es bonito que una persona te haga perder tiempo.

Tema 5. Mi Yo Destructivo

Todo dio un giro de 360° desde este momento me sentía libre, alegre, completo al menos por mi exterior, ¿recuerdan el momento en el que me acepte y estuve a gusto conmigo? Pues ahora estaba totalmente asqueado con mi apariencia física no tenia ojos azules ni verdes, un cuerpo atlético ni marcado o simplemente la sonrisa mas hermosa lo cual me generaba incomodidad pero sobre todo lo que mas era desagradable para mi era mi peso siempre fui delgado pero cuando me miraba en un espejo veía a una persona "gorda" a esto sumándole el estatus de mi secundaria en el cual las personas gorditas sufrían Bullying hizo que tomara posiblemente una de las peores decisiones de mi vida y por la cual hasta estas fechas continuo pagando.

En mi afán por verme mejor deje de comer en otras ocasiones lo hacia para que mis padres no sospecharan que algo estaba pasando conmigo, después de finalizar las comidas mi dirección era directo al baño para vomitar todo lo comido, literalmente estaba haciendo de mi ser una bomba de tiempo que no tardaría mucho en hacer explosión y mostrar todos los daños que me estaba generando.

Mi relación con mis padres se deterioraba cada vez mas, no me sentía entendido mas bien mi sensación era que estaba siendo satanisado por no comportarme bien esto derivo a que tuviera gran cantidad de peleas con mis padres, hacia llorar a mi madre, salidas sin aviso de donde andaría, llegadas a las 3-6 de la mañana mis padres ya no podían conmigo era un total caso sin remedio.

Pero todo debe tener algo de consecuencia el primer golpe que recibiría en un chequeo por cuestiones en las cuales ya mi físico estaba totalmente nefasto fue donde me detectaron anorexia grave a unos cuantos pasos de leucemia; para aquellos que no conocen la leucemia es un estado de delgadez donde ya no es posible hacer que esta pueda parar a comparación de la anorexia.

Tema 6. Buffet de Amistad

Con mi salud por los suelos aun continuaba con mi vida con leve normalidad entre en tercero a la secundaria nueva pero en este caso a la que acababan de hacer en mi colonia, me encontré con mis viejos amigos de la primaria, aunque tuve mejor entendimiento con 4 chicos que en ningún momento los había conocido Víctor, Ángel, Lalo y Ramiro hicimos un gran clic y para todo dentro y fuera de la secundaria estábamos los 5 juntos es verdad cuando digo que nunca había sentido un lazo de amistad y aprecio tan grande hacia ciertas personas.

En toda historia de amistad siempre existen altas y bajas en mi caso fueron 70/30 todo se que fue por culpa mía, era nuevo para mi tener un gran lazo o vinculo con otro chico por lo cual en algún momento llegue a sentir morbo por uno de ellos Ramiro de hecho era el mas homofobico entre todos pero bien sabia que yo era gay por lo cual conmigo se comportaba de diferente forma. Todo era felicidad entre los 5 hasta que una situación cambio todo Ramiro decidió mudarse con su familia a otra dirección, algo cercana; después de unos meses sin tener contacto con el por medio de redes sociales envió un mensaje invitando a su nueva casa para conocerla a lo cual yo y Ángel accedimos contentos, sino mal recuerdo Lalo y Víctor no estaban tan interesados en ello ya que cuando el se fue surgieron algunas diferencias entre ellos.

Llegó el día de visitarlo y nos recibió en su casa salude a su hermana con la cual siempre me lleve bien, comimos, videojuegos y música hasta que se llego la hora de dormir yo la verdad no recuerdo si estaba en Facebook o intentando saber que era Plugger una aplicación similar muy popular en aquel tiempo cuando me hablo y am...

cuando todos estábamos preparados para dormir sucedió un suceso express del cual no contare mucho, después de esto al siguiente día note que la tensión estaba muy elevada con Ramiro por lo cual antes que despertara Ángel le pregunte que sucedía a lo cual respondió que todo lo sucedido solo había sido un arranque o exploración, que no me "clavara" mucho en eso, la verdad si me gustaba y al escuchar esto solo mire al piso, corrí al baño y empece a llorar nunca en mi vida me había sentido tan estúpido y utilizado como esa noche; en mi mente pensaba que no era cierto ¿como un chico puede tener intimidad con otro chico en sus 5 sentidos solo por "exploración"? salí y trate de aparentar que nada sucedió, rumbo a casa Ángel me noto diferente por lo cual me pregunto si estaba bien no pude sentirme mas culpable y decidí contárselo me aconsejo pero como en verdad sentía atracción hacia el posteriormente

me pidió ir dos veces mas en fechas diferentes
donde sucedió lo mismo solo era "algo" para el
durante un momento y después me miraba con
desprecio, cuando quien debería de hacerlo
seria yo al no aceptar su sexualidad.
Terminamos en malos términos nuestra amistad
si así se puede llamar porque me sentía mal peor
que un sexo servidor en pocas palabras yo
sentía ser un juguete sexual de alguien que no
sabia lo que era ni lo que buscaba. En esta etapa
aprendí a valorarme.

Tema 7. Amistad Vinculada

(Operación V.A.Z)

En la misma linea del tiempo donde sucedieron
los anteriores acontecimientos sucedía algo mas

mi mejor amigo Víctor y yo en verdad
llevábamos una gran amistad tan cercana como
de hermanos.

Tengo una pregunta ¿Alguna vez se han
enamorado de su mejor amig@? Oh si ya saben
a lo que vamos, usualmente siempre visitaba a
Víctor por las tardes-noches aun seguía en mi
etapa de no querer estar mucho en casa por lo
cual estar con mi mejor amigo era la mejor
forma de distraerme de todo lo que realmente
estaba sucediendo a mi alrededor jugábamos,
peleábamos y toda la clase de ocurrencias
típicas de un par de amigos, otra cosa por la
cual disfrutaba estar en su casa era que el
siempre estaba sin playera y la verdad me
encantaba era morenito, fuerte con su abdomen
marcado sin duda me enloquecía pero... tenia

novia (la amaba mucho) de eso no me queda duda.

Lo mas enredado de esto es que en ocasiones nuestros juegos se pasaban a una tonalidad mas interesante, lucha sin playera, besos en el cuello "intentando ver quien se excitaba primero", juntarse el short para ver su gran porción de humanidad (jaja), en este punto si estaba confundido por lo de Ramiro mas esta situación sin duda alguna perdí toda mi concentraccion y cordura. En esta ocasión Víctor no hizo nada malo al contrario me gustaba y de gran manera lo que hacíamos sin afectar la amistad, solo que llego el punto en mi vida donde pensaba que todas las personas me mirarían solo como un objeto sexual por mis preferencias, que posiblemente los chicos sienten morbo por estar con otro chico pero después de que esto sucede piensan que con

quien estuvieron no tiene sentimientos y lo
destruyen pensando que el/ella es su maldición,
cuando no se dan cuenta que ellos mismos se
enceguecen al tratar de ocultar o disfrazar sus
verdaderos gustos.

Y por cierto la novia de Víctor me odiaba yo lo
sabia me miraba con esa mirada de odio, se que
pensaba que era su competencia o que lo
convertiría en gay.

Pero chicas no vean a los amigos gays de sus
novios como amenazas porque ellos son los
menos culpables en todos los asuntos, mejor
preocúpense por la sinceridad de su novio,
hagan saber a el que si decide ser gay y no lo
dice por temor no sera el primero ni el único, en

ocasiones solo necesitan un empujón, y siendo
sinceras.

¿les gustaría vivir en un engaño siempre? O
¿preferirían que esa persona con la que sienten
un gran vinculo sea feliz?.

Humberto mi primer noviazgo oficial gay.

Como no salia muy frecuentemente lejos de mi
colonia y aun siendo tan joven como para ir a
lugares nocturnos decidí que mi forma de ser
mas yo realmente era por medio de redes
sociales (Facebook) al inicio me impresiono la
cantidad de personas que estaban al pendiente
de mis fotos, publicaciones de todo en general
me sentía con atención por primera vez en mi
vida; entre todo esto de las redes sociales
conocí a un chico en verdad bonito Humberto
me hacia reír, teníamos gustos similares y nos
sentíamos atraídos mutuamente. decidí invitarlo
a salir ya para este entonces tentamos una
relación virtual a la cual acedio, salimos a dar
una vuelta los dos nos agradamos y
formalizamos nuestra relación, conocí a su

madre la cual es muy linda por cierto, a su hermanito el cual no dejaba de hacerme preguntas y a sus amigos de la preparatoria, no fue el mejor recibimiento por parte de ellos pero de igual forma me importo muy poco.

Tengo un recuerdo muy bonito de esa relación referente a un 14 de Febrero estaba esperando en una transcurrida zona comercial de la ciudad pero el se estaba demorando mucho, para empeorar el asunto el en ese momento no tenia chip en su teléfono por lo cual me era imposible saber donde venia, o si estaba bien espere un gran lapso de tiempo, desesperanzado y con mi regalo en la mano pensé que no vendría por lo cual tomando mi teléfono estaba llamando a un amigo que sabia que estaría en su casa ese día para ver si quería venir a comer, mínimo si vamos a estar triste que sea en compañía... pero a media llamada escuche "Carlos" sabia que era su voz por lo cual le dije a mi amigo "ya llego" a lo cual el se alegro y me deseo suerte; di la vuelta para verlo llegar no me esperaba que llego con un gran gran regalo y en verdad se miraba impecable en ese momento sentí un alivio.

Poco después empece a obsesionarme por ser relevante en redes sociales, toda esta locura de los likes despertó en mi una necesidad por ser centro de atención, posiblemente a través de esta necesidad un poco extraña estaba mostrando que en mi ser, salud, vida personal y familiar se estaba desmoronando e intentaba taparla con la atención de la gente, cometí el error de querer estar aferrado a alguien para sentirme completo, Humberto se dio cuenta de ello y me dijo la mas sabias y duras palabras que aun recuerde "tu eres una buena persona y no dudo en que lo nuestro pueda durar mucho tiempo, pero tienes grandes problemas, no te valoras a ti y se que estas buscando la comprensión en otras personas pero primero debes de comprenderte y amarte a ti antes que a alguien mas" esas fueron las palabras antes de terminar la relación y quedar en términos amistosos. En verdad le agradezco que aunque me dolieran esas palabras eran las que ocupaba en ese momento, estaba totalmente hecho un desastre pretendiendo hacer como si todo estuviera bien, intentaba comportarme como una persona madura pero yo mismo generaba el daño a mi y a los seres que quería. No puedo negar que estaba en búsqueda de atención, amor y compresión ajena cuando el que debía de amarse y respetarse era yo mismo. ¡Gracias Humberto!

Tema 9. Detrás del teatro

Avanzando en las anécdotas llegamos a la historia mas bizarra, pero también dañina me refiero a esa primera ocasión en la cual visite un antro gay. Estaba saliendo con un chico del cual no recuerdo su nombre, ya llevábamos un tiempo de salir por lo cual entre una de las platicas se le ocurre comentar el ir a un antro a lo cual le digo que estaría bien, yo sabia que posiblemente tendríamos problemas puesto a que aun era menor de edad mi gran cerebro maquino la idea de pedirle su identificación a alguien parecido a mi y así sucedió ingrese triunfante, estaba muy nervioso antes de cruzar esas puertas pensaba que vería un total desastre, jóvenes faltándose el respeto y nose posiblemente hombres con sus atributos por fuera; pero todo cambio cuando entre si bien había unas cuantas cosas que pensaba el ambiente era bueno, después de un rato en la zona electrónica decidimos bailar... créanme no se bailar ni un poco así que supongo estaba haciendo el ridículo, pasadas las bebidas termine arriba de una mini pasarela bailando, nose como ni cuando sucedió pero ya estaba arriba con unos chicos totalmente desconocidos en un tipo reto de baile la verdad la estaba pasando a todo dar hasta que al genio de mi pareja decide ir a conseguir tachas como se les dice, jamas había consumido ninguna droga mucho menos mezclado algo con alcohol pero como era un simple e inocente niño las tome a partir de ese momento y hasta la madrugada sentí una energía que nunca la había experimentado la alegría mas grande hasta la sonrisa se dibujaba sola sin embargo como todo lo que sube tiene que bajar mi decaída se dio a las 5:30 am cuando el antro cerro, el metro no pasaría hasta las 7 am así que teníamos que entretenernos durante una hora y media, yo realmente estaba agotado y mi pareja también los dos ebrios, crudos, drogados ,cansados y con sueño decidimos que era una buena idea estar en un parque grande de la zona centro de Monterrey la "Macroplaza", caminando por el parque volteamos a ver "El Teatro de la Ciudad" el cual tenia escaleras que daban hacia una plazoleta en la zona de abajo el sitio estaba con un escenario de baile que en días pasados habían usado pero aun no lo desmantelaban, en ese momento el estar detrás de ese escenario donde nadie nos vería se me hizo el mejor lugar para dormir y si dormimos en el piso detrás de

una escenografía en un teatro... ¿la mejor cita
no creen?

Tema 10. Confrontación De Generaciones

Ya de vuelta en mi casa y pasados los meses
decidí que era momento de incluirme en la era
digital por lo cual tome mi celular y grabe mi

primer video para mi canal de YouTube fue algo horroroso pero en ese momento estaba satisfecho de ello, obtuvo buen recibimiento así que seguí añadiendo contenido al canal ya era una obsesión para mi grabar que hasta me frustraba cuando no tenia ideas nuevas, un día con ese problema de no encontrar de que hablar se me ocurrió que le confesara al mundo mi orientación sexual sin tener en cuenta la situación que me depararía.

  Mis padre fueron de visita con mi abuela y como no tenia muchas ganas de salir decidí quedarme en casa; cuando regresaron el apocalipsis se desato contra mi pues rápidamente me buscaron, me pidieron que saliera un poco y mi padre me dijo "tu abuela vio el video que hiciste y nosotros también"

Ese momento mi cerebro dejo de pensar, mi yo
interno decía "ya valiste mad*e" no sabia que
decir en ese momento, lo único que salio de mi
boca fue "lo lamento no quería que se enteraran
de esta manera", voltee a ver a mis padres: mi
mama llorando y mi padre con cara de sorpresa
pero a la vez de decepción, en verdad dudaba
de la respuesta que tuviera mi padre solo
pensaba en dos posibles escenarios el primero
era que me echaba de la casa y el segundo era
que me daría una golpiza; para mi sorpresa no
fue ninguna de estas dos recuerdo muy bien que
dijo "si fuera como anteriormente era en este
momento ya te ahechar de la casa, pero como
ya soy cristiano y debo de cambiar no te are
nada, pero quiero que sepas bien que de acuerdo
no estoy y mucho menos tolerare esas
conductas en la casa, si aras o te comportaras
de una manera hazlo en otro lado donde no
pueda verlo pero nunca lo hagas y muchos

menos traigas a nadie aquí puesto a que no lo aceptare, y por ultimo como no me tuviste la confianza para contármelo yo tampoco la tendré contigo , para volverla a tener tendrás que luchar por ella" fue peor escuchar esto mi corazón se puso triste pero sabia que había cometido un error grande.

Tema 11. Rehabilitación Cristiana

Entre toda la situación que estaba pasando con mis padres, mis momentos de tristeza, mi mala salud y mis fracasos en el amor en verdad sabia que tenia que buscar una manera de estar bien conmigo.

Analice que lo mas importante y primero seria recuperar la relación con mis padres, yo sabia que la única manera de alegrarlos era regresando a la iglesia lo cual hice regrese y hasta estuve de pastor de jóvenes no me sentía a gusto conmigo ni con lo que estaba haciendo sabia que no debería estar encabezando un grupo de jóvenes decidiendo que saldría permanentemente de la iglesia no importando estar mal con mis padres, mientras me sintiera bien conmigo mismo.

Tema 12. Buscando Mi Nuevo Yo

Totalmente fastidiado de no sentirme bien conmigo, con lo que hacia y sentía decidí que tenia que hacer un cambio para estabilizarme, me propuse 8 reglas para estar en un bienestar personal las cuales eran.

*No intentar agradar a nadie.

*No es necesario ser popular o relevante para sentirme bien.

*Antes de amar a alguien amate a ti mismo.

*Alcohol con medida, la juventud no se representa por excesos, sino por el bienestar que encuentras en esta etapa.

*No a cualquier persona llamarle amigo.

*La familia siempre sera tu soporte, por lo cual nunca te encuentres distanciado.

*Cero romances momentáneos.

*Rodeate de verdadera gente buena.

Tema 13. La Paz Después de la Tormenta

Mi vida comenzó a tomar una dirección positiva, las peleas con mis padres ya no existían, me sentía mas empoderado y enamorado de mi mismo que no me dejaba enamorar del primer chico que me hablara bonito ya que sabia que la mayoría de los chicos en el ambiente gay solo buscan eso sexo fácil pero aun existen excepciones como el suceso que les contare.

Ya había pasado 2 años aproximadamente de mi ultima relación, me sentía bien estando soltero aunque como toda persona tuve salidas con chicos lindos pero ya no dejaba que pasara de solo conocer a una nueva persona, estaba totalmente concentrado en mi y en mi presente hasta que un día de diciembre mire en Facebook en el cual por cierto ya era muy raro que ingresara, una publicación de un chico planteando crear un grupo para YouTube bajo el nombre de "Club Royal" yo ya no subía contenido a YouTube en un largo periodo de tiempo y me pareció una maravillosa idea por lo cual lo contacte para el proyecto.

Poco a poco es persona me fue haciendo reír, y después a llamar la atención, sabia bien que debía contenerme de tener una relación hasta saber con perfección como era la persona pero el se fue ganando mi corazón y comportándose de la manera mas linda; llego el día en el cual el grupo se juntaría para formalizar el proyecto, ese día este chico al momento de llegar a donde me recogerían corrió hacia mi me abrazo y me brindo un beso, la verdad ya se había ganado mi corazón.

Después de estar un da con el y los otros integrantes planeando el proyecto decidí contarle mi historia de fracasos y situaciones, el comprendió todo eso y me dijo que con nunca sucedería algo así, formalizamos nuestra relación y hasta esta fecha estamos juntos; sin buscar el amor llego a mi y en verdad soy muy afortunado de tener a una de las pocas personas que aun creen en un futuro juntos, el se llama Eliud y hasta la fecha llevamos una bonita relación de año y tres meses, con altos y bajos como toda relación pero sin darnos por vencidos como muchas parejas las cuales al primer problema deciden separarse lo cual no están bien, ya que deben resolver sus problemas juntos así mismo como estar en las alegrías juntos.

Tema 14. Consejos Finales

Ser gay no es fácil algunos seres queridos partirán de este mundo y te sentirás culpable como en mi caso fue mi abuelo en verdad como me hubiera gustado haber dejado de ser gay para que partiera contento pero no todo es posible y las cosas no se fuerzan.

En otras ocasiones tocaras lo mas fondo intentando buscar tu propio yo ya sea con

drogas, alguna enfermedad, alguna pareja que
te golpea o simplemente una relación que no fue
lo que esperabas pero esto se puede prevenir si
te amas a ti mismo antes que a cualquier otra
cosa, toma el consejo de tus padres aunque
parezca increíble en la mayoría de las ocasiones
tienen la razón porque ya pasaron por estas
etapas, yo no lo creía pero cuando estaba
desecho lo comprendí.

No dejes que ninguna religión, persona,
situación o ley reprima lo que eres tienes todo
el derecho de ser feliz y ser libre, de lo
contrario te sentirás amargado, triste y
enojado contra las personas que si decidieron
ser libres.

Y lo ultimo y mas importante no intentes importarle a nadie ni ser popular, fiestero o el noviero, muchos de las personas que conocí y que decidieron ser así para no ser excluidos terminaron enfermas, muertas, secuestradas o lo peor violadas. En verdad respetate y siempre informate bien antes de iniciar una relación de noviazgo. Animo y saludos. Atte: Carlos.